Wolfgang Ratgeber

Die Klimakatastrophe

Erzählungen

Bibliografische Information der Deutschen Bibliothek: Die Deutsche Bibiliothek ververzeichnet diese Publikation in der Deutschen Nationalbibliografie; detaillierte bibliografische Daten sind im Internet über http://dnb.ddb.de abrufbar.

© 2019 Wolfgang Ratgeber
Herstellung und Verlag:
BoD - Books on Demand, Norderstedt
ISBN 9783741274329

Inhalt

Cäsar und Kleopatra	5
Das Osterfeuer	12
Lorenzo de Medici und Simonetta Vespucci	19
Die Meuterei	25
Königin Marie Antoinette und Graf Fersen	31
Pariser Kriegstagebuch	38
Die Klimakatastrophe	53

Cäsar und Kleopatra

Im Jahr 44 vor Christus wurden in Capua die Gebeine des Gründers der Stadt gefunden zusammen mit einer Tafel, die folgende Weissagung enthielt:
‚Wenn einst die Gebeine des Gründers dieser Stadt gefunden werden, wird der größte Spross aus dem Haus der Julier durch einen Mordanschlag seiner eigenen Verwandten sterben.'
Als Gaius Julius Cäsar gegenüber seinem Wahrsager Spurinna die spöttische Bemerkung machte, der Wahrsager von Capua habe seine Fähigkeiten wohl überschätzt, als er mehrere Jahrhunderte im voraus den Zeitpunkt seines Todes bestimmte, hob Spurinna erschrocken die Hände:
„Spottet nicht, oh Herr, über den berühmten Wahrsager von Capua sondern hütet Euch vor den Iden des März!"
Zwei Tage vor den Iden des März kam die ägyptische Königin Kleopatra, die in einem prächtigen, 15 Meilen vor Rom liegenden Palast Hof hielt, schon am frühen Morgen zu Cäsar und erzählte ihm mit zitternder Stimme die folgenden Träume:
„Einen Tag vor den Iden des März überquerte ich den Platz vor dem Rathaus. Es schlug gerade die zwölfte Stunde, als ich über mir ein dumpfes Flügelrauschen hörte. Drei große, schwarze Vögel verfolgten einen

Zaunkönig, der einen Lorbeerzweig im Schnabel hielt. Über dem Rathaus stürzten sie sich auf ihn und blutig zerfetzt fiel der tote Vogel vor meine Füße. Der folgende, zweite Traum enthüllte mir die Bedeutung des ersten:
Am Tag der Iden des März wurde ich in das Rathaus eingeladen. Ein Senator trat an das schwarze Rednerpult und erhob den Vorwurf, dass dein Schritt über den Rubikon zugleich ein Schritt von der Republik zur Alleinherrschaft gewesen sei und du von Anfang an die Hand nach der Königskrone ausgestreckt hättest. Du jedoch entgegnetest:
'Senatoren! Ihr alle wisst, dass ich das Königsdiadem, welches mir am Lupercalienfest von Markus Antonius angeboten wurde, zurückgewiesen habe. Inzwischen wurde jedoch in den sibyllinischen Büchern die Weissagung gefunden, nur ein König könne das Partherreich bezwingen. Daher bitte ich euch um die Königswürde, da ich nur als König die Parther besiegen und so meine Lebensaufgabe vollenden kann, den Lor - beerkranz der römischen Siege bis an die Grenzen der bewohnten Welt zu tragen.'
Danach trat ein zweiter Senator an das schwarze Rednerpult und erhob den Vorwurf, dass du dich wie ein Gott verehren lässt: Auf Antrag des Volkes seist du als Jupiter Julius in den Himmel der Staatsgötter erhoben worden. Unter deinem Bild im

Quirinustempel stehe in goldenen Lettern:
'Dem unbesiegten Gott.'
Du jedoch entgegnetest:
'Allein der Gedanke an das große Ziel eines römischen Weltreichs hat mir die Kraft verliehen, siegreich gegen Gallier, Helvetier, Bretonen und Spanier zu kämpfen. All diese Siege hat freilich nicht der Gott Cäsar errungen sondern der Mensch Cäsar mit Hilfe unserer Götter. Um nicht in Versuchung zu geraten, mich selbst für einen der Unsterblichen zu halten, habe ich angeordnet, dass bei meinen Triumphzügen stets ein Sklave hinter mir steht und in mein Ohr flüstert:
'Bedenke Cäsar, dass Du sterblich bist.'
In diesem Augenblick zog ein dritter Senator einen Dolch aus seiner roten Toga und stürzte sich auf dich mit dem Ruf:
'Tod dem Tyrannen. Es lebe die Republik!'
Zu Tode erschrocken bin ich aufgewacht. Ich betrachte diese Träume als eine Warnung meiner Göttin Isis, die mich schon oft vor Unheil bewahrte, indem sie mir durch Träume einen Blick in die Zukunft schenkte. Ich bitte dich daher, am Tag der Iden des März nicht in die Senatssitzung zu gehen."
Cäsar streichelte beruhigend Kleopatras blasse Wangen:
„Träume sind nur in den seltensten Fällen Warnungen der Götter an die Menschen, meist jedoch Ausdruck ihrer Erinnerungen und Sorgen. Da seit einigen Tagen Gerüchte

über einen geplanten Mordanschlag im Senat die Stadt beunruhigen, verstehe ich gut, dass deine Sorgen sich zu solch unheilvollen Träumen verdichtet haben."

Am Morgen des letzten Tages vor den Iden des März erzählte Cäsar die Träume Kleopatras seinem Diener Cornelius. Dieser bat Cäsar, um die zwölfte Stunde den Rathausplatz beobachten und anschließend die Königin aufsuchen zu dürfen, um ihr im Namen Cäsars die beruhigende Nachricht zu überbringen, ihr erster Traum sei nicht in Erfüllung gegangen. Kurz nach zwölf Uhr stürzte Cornelius in Cäsars Zimmer:

„Verzeiht, oh Herr, dass ich es wage, Eure Mittagsruhe zu stören; aber was ich zu sagen habe, duldet keinen Aufschub. Je näher ich dem Rathaus kam, desto dichter wurde der Strom von Menschen, die alle in großer Erregung dem Platz zustrebten, da schneller als ein Vogel das Gerücht die Stadt durcheilt hatte, etwas Entsetzliches sei vor dem Rathaus geschehen. Ein unsagbarer Schmerz spiegelte sich in den Gesichtern der Menschen. Als ich eine junge Frau, die weinend das Gesicht in ihre schwarze Toga hüllte, fragte, welches schreckliche Ereignis sie betraure, führte sie mich stumm zur dunklen Eingangspforte des Rathauses. Dort stand Euer weißhaariger Wahrsager Spurinna und wies mit Tränen in den Augen auf den blutigen Zaunkönig, der vor seinen Füßen lag. Noch im Tod hielt der tapfere Vogel den Lorbeerzweig im Schnabel fest."

„Bringe mir mein Testament. Ich möchte eine Ergänzung anfügen."

Cornelius brachte das Testament und Cäsar schrieb:

‚Nach meinem Tod schenke ich den Bürgern der Stadt Rom als Erbschaft meine am Tiberufer liegenden Gärten. Aus meinem Privatvermögen sollen jedem Bürger 300 Sesterze bezahlt werden.'

Dann sagte er:

„Geh jetzt zu Markus Antonius und melde ihm, dass ich morgen nicht an der Senatssitzung teilnehmen werde."

Da Cäsar am Abend vor den Iden des März einige Freunde zu einem Fest eingeladen hatte, ließ er durch Boten allen Gästen seine Bitte überbringen, den toten Zaunkönig gegenüber der Königin mit keinem Wort zu erwähnen, um sie nicht zu beunruhigen. Nach der offiziellen Begrüßung führte er Kleopatra in eine Nische des Festsaals:

„Ich habe meinen Diener um die zwölfte Stunde zum Rathaus geschickt. Er hat weder die schwarzen Vögel deiner Sorgen gesehen noch den blutigen Boten meines nahen Todes."

„Der Göttin Isis sei Dank. Wenn mein erster Traum nicht in Erfüllung ging, wirst du auch nicht durch das schreckliche Attentat des zweiten Traumes sterben. Doch sag, wer ist

der bleiche Mann mit dem rabenschwarzen Haar, der soeben den Saal betritt?"
Cäsar lachte beim Anblick ihres erschrockenen Gesichts:
„Dieser Gast braucht dir keinen Schreck einzujagen. Es ist mein Verwandter Brutus, einer meiner besten Freunde."
Kleopatra lachte erleichtert, näherte ihren Mund vertraulich Cäsars Ohr und flüsterte:
„Bedenke nur, wie lächerlich mein Traum gewesen ist. War doch in meinem Traum gerade dieser Mann, der einer deiner besten Freunde ist, dein Mörder."
Cäsar sah im Wandspiegel alles Blut aus seinen Wangen weichen und ging rasch auf Brutus zu, um seinen Schreck vor Kleopatra zu verbergen.
„Brutus entbietet seinem Cäsar Gruß und Heil. Doch mit Sorge sehe ich die Blässe auf Eurem Gesicht. Sollte es tatsächlich wahr sein, was in ganz Rom die Spatzen von den Dächern pfeifen? Der Traum eines Weibes habe Cäsar in solche Furcht versetzt, dass er sich aus Angst vor einem Mordanschlag weigere, morgen in die Senatssitzung zu kommen?"
„Nicht meine Furcht hat mich dazu bewogen sondern die Sorge des Volkes um meine Sicherheit."
„Doch nicht nur Ihr liebt Euer Volk, nein, auch das Volk liebt seinen Cäsar. Denn was tut dieses Volk, als sich das Gerücht des

ruchlosen Mordanschlags verbreitet? Es eilt in großer Zahl zum Rathaus, um dort in stummem Schmerz den nahen Tod seines geliebten Cäsar zu beweinen. Doch Ihr solltet Euren Entschluss noch einmal überdenken. Denn die Angst des Volkes vor einem Anschlag im Senat beruht nur auf der schwarzen Phantasie des alten Spurinna. In Wirklichkeit wird keiner der Senatoren wagen, die Hand gegen Euch zu erheben, da jeder Eure Milde schon einmal erfahren hat."
„Auch du, Brutus, hast meine Gunst in übergroßem Maß erfahren."
„Nach der heutigen Sympathiekundgebung des Volkes", fügte Gaius Cassius hinzu, „wird der Senat Euch morgen die Königskrone anbieten, die Ihr schon längst verdient habt."
„Nun denn, die Würfel sind gefallen. Ich werde morgen in die Senatssitzung gehen und mich meinem Schicksal stellen. Wenn der Senat mir die Königskrone anbietet, wird sich durch meinen Sieg über das Partherreich die Weissagung der sibyllinischen Bücher erfüllen. Wenn der Senat mir die Königskrone verweigert, dann mag der Traum Kleopatras in Erfüllung gehen; denn lieber ist es mir, tot zu sein als ohne ein großes, politisches Ziel weiter zu leben."
Cäsar ging zu Kleopatra und führte sie auf den Balkon seines Palastes. Unter ihnen lag Rom. Nach dem Schlaf der glühenden

Mittagshitze erwachte die Stadt durch den kühlen Abendwind zu neuem Leben.

„Gaius Cassius hat mir soeben mitgeteilt, dass der Senat mir morgen die Königskrone anbieten wird. Dies bedeutet, dass ich schon bald zum Feldzug gegen die Parther aufbrechen muss."

„Wie lange werden wir getrennt sein?"

„Vielleicht für immer, wenn ich im Kampf gegen die Parther falle."

„Die Göttin Isis wird dich während des Krieges vor Unheil bewahren. Nach deinem Sieg wird das Volk dir den herrlichsten Triumphzug bereiten, den Rom jemals erlebt hat. Bekleidet mit dem roten Gewand des Triumphators, die goldene Königskrone auf dem Haupt, wirst du in einem prunkvollen Vierspänner an der Spitze deines siegreichen Heeres durch die Straßen fahren und ich werde an deiner Seite sitzen."

In diesem Augenblick, da sich der Lebenstraum Cäsars zugleich als heimlicher Wunschtraum Kleopatras enthüllte und die Träume beider wie zwei schöne Wolken am Abendhimmel ineinander flossen, ergoss die untergehende Sonne ihre letzten Strahlen über die Dächer der Stadt und ließ sie in den seltsamsten Farben aufleuchten: manchmal golden wie eine Königskrone, zuweilen rot wie Blut.

Das Osterfeuer

Bischof Patrick beobachtete, wie die von ihm entzündete Flamme das aufgeschichtete Reisig rasch verzehrte und zu einem kräftigen Feuer aufloderte, dessen Licht den Fels von Cashel, wo er die Auferstehung des Herrn feierte, vom Dunkel der Nacht befreite. Er entzündete die Osterkerze am Feuer, ritzte ein Kreuz in ihr Wachs und darunter die Jahreszahl 459.
Nachdem er das Osterlicht auf den Altar gestellt hatte, trat ein Mann mit schlohweissem Haar in den Lichtkreis des Feuers, um seine Kerze zu entzünden.
Beim Anblick des vom flackernden Feuer beleuchteten Gesichts sah Patrick die dunkelsten Stunden seines Lebens wieder auferstehen:
Im Alter von 16 Jahren erlebte er den Überfall dieses irischen Königs auf sein von römischen Legionären bewohntes Heimatdorf in Britannien. Nachdem König O'Neills alle Bewohner gefangen genommen hatte, entfachte er einen Feuersturm, der das Dorf in Schutt und Asche legte.
Sollte er diesem Mann, der jetzt beim Altar stehen blieb und ihn fragend anschaute, die Hand zum Friedensgruß reichen?
Er hörte wieder das heisere Bellen der Hunde, die ihn nach seiner Flucht aus der Burg O'Neills verfolgten, ein Bellen, das immer

näher kam. Er spürte den heißen Atem der Dogge, die ihn zu Boden warf, sah ihr zähnefletschendes Maul und gleich danach das höhnische Gesicht O'Neills. Dieser fesselte seine Hände mit einem Seil und peitschte ihn aus. Dann band er das Seil am Sattel seines Pferdes fest und schleifte ihn über den Boden. Als sein Kopf gegen einen Stein geschleudert wurde, fiel er in Ohnmacht und erwachte erst wieder im Dunkel des Burgverlieses. In diesem Kerker, den nur einmal täglich ein Lichtstrahl erhellte, wenn das Türfenster geöffnet und eine Scheibe Brot herein geworfen wurde, legte er das Gelübde ab, nach seiner Gefangenschaft Missionar zu werden, um den Funken des Glaubens im Herzen der Iren zu entzünden.

Bischof Patrick ging auf König O'Neills zu. Beide Männer reichten sich die Hand zum Friedensgruß.

Nun trat eine Frau in den Lichtkreis des Feuers. Während sie mit Herzklopfen auf Patrick schaute, wanderten ihre Gedanken zum Tag der ersten Begegnung zuück:

Damals begab sie sich zum Sklavenmarkt, da sie von ihrem Vater, König O'Neills, erfahren hatte, dass einige besonders kräftige Strafgefangene zu einem günstigen Preis angeboten wurden. Doch dann geschah etwas Seltsames. Während sie normalerweise alle vom Sklavenhändler angepriesenen Männer sorgfältig verglich, starrte sie

diesmal nur auf einen. Seine schwarzen, lockigen Haare, der feurige Glanz seiner Augen zogen sie sosehr in ihren Bann, dass sie ihn zum höchsten Preis, der auf diesem Sklavenmarkt jemals bezahlt wurde, ersteigerte.
Da ihr Vater von der Neigung seiner Tochter zu einem römischen Sklaven nichts erfahren durfte, versteckte sie Patrick auf einem Landgut. Der Garten des strohgedeckten Hauses war von einer hohen Mauer umschlossen, die sie vor neugierigen Blicken schützte. Als sie von Patrick hörte, wie grausam er von ihrem Vater behandelt worden war, tat sie alles, um ihn für das erlittene Leid zu entschädigen. Wenn die Dämmerung auf ihre Burg sank, konnte sie den Einbruch der Dunkelheit kaum erwarten, in deren Schutz sie zu ihm eilte, um Worte der Liebe in sein Ohr zu flüstern und die von den Peitschenhieben ihres Vaters stammenden Narben mit heißen Küssen zu bedecken.
Jetzt war sie beim Altar angekommen. Während sie auf Patrick schaute, wurde ihr bewusst, wie sehr Gott zunächst zwischen ihm und ihr stand.
Der erste Satz, in dem Patrick seine Religion erwähnte, war eine Absage an sie:
  'Morgen kannst du nicht zu mir kommen, da ich an einem heimlichen Gottesdienst im Wald von Tara teilnehmen werde.'
Am nächsten Abend begleitete sie ihn zum

Gottesdienst. Danach ließ sie sich in der christlichen Religion unterrichten. Vor Ablauf eines Jahres vereinbarte sie mit dem Priester einen Gottesdienst für ihre Taufe.
Sie entzündete die Kerze am Osterlicht. Ihr blondes, von einigen grauen Strähnen durchzogenes Haar leuchtete golden auf.
Patrick sah sie wieder vor dem Altar stehen. Der Priester wollte gerade mit der Taufe beginnen, da ertönte der Schrei:
'Verrat! Wir sind umzingelt!'
Gleichzeitig stürzten Soldaten aus dem dunklen Dickicht des Waldes und schlugen mit Schwertern auf Männer, Frauen und Kinder ein. Er floh mit Tea, stolperte über einen Ast und fiel zu Boden. Ein Soldat mit gezücktem Schwert tauchte hinter ihm auf. Tea warf sich dem Angreifer in den Weg. Während sie gefangen genommen wurde, konnte er entkommen. Durch die Flucht nach Britannien brachte er sich vor der Rache O'Neills in Sicherheit.
Nach der österlichen Lichtfeier folgte nun die Taufe Teas. Da König O'Neills den Wunsch seiner Tochter, von Bischof Patrick getauft zu werden, jahrzehntelang abgeschlagen hatte, war Patrick glücklich, sie endlich taufen zu dürfen. Er bemerkte das Holzkreuz auf ihrer Brust, welches sie nach der Bekehrung zum christlichen Glauben von ihm erhalten hatte. Als sie ihn anblickte, begann sein Herz rascher zu pochen und er spürte

unter der Asche der vergangenen Jahre von neuem die Glut seiner Liebe. Er bekreuzigte ihre Stirn:

„Ich bezeichne deine Stirn mit dem Zeichen des Kreuzes, damit du das Kreuz des Herrn auf dich nimmst."

Bei diesen Worten fielen Tea wieder die Kreuzwegstationen ihres Lebens ein:

Der Schmerz, als Patrick aus Britannien schrieb:

‚*Ich kann nicht nach Irland zurückkommen, da ich zum Theologiestudium nach Rom reisen werde.'*

Die von ihrem Vater befohlene Heirat mit einem blasshäutigen, der Trunksucht verfallenen Nachbarkönig. Dessen Wutanfall, als er die dunkelbraune Haut ihres neugeborenen Kindes erblickte. Die brutalen Schläge, mit denen er sie aus seiner Burg verjagte. Das Verbot des Vaters, den unehelichen Sohn öffentlich zu zeigen, zwang sie, ihn im gleichen Haus zu verbergen, in dem sie schon seinen Vater versteckt hatte. Schließlich der frühe Tod des Kindes im Alter von 5 Jahren.

Unwillkürlich legte sie bei diesen Erinnerungen ihre Hände auf das Holzkreuz, als ob sie sagen wollte:

‚Ohne die Kraft des von dir geschenkten Kreuzes hätte ich meinen Weg auf diesen Kalvarienberg nicht bewältigen können.'

Patrick verstand diese Geste, denn Tea hatte ihm alle Schicksalsschläge brieflich in das ferne Rom berichtet. Jeder Brief weckte die Sehnsucht nach ihr, von der ihn viele Länder und Meere trennten.

Wenn die glühende Sommerhitze über den Pinien des Pincio Hügels flimmerte, wo er seine theologischen Schriften studierte, konnte er manchmal vor Erschöpfung die Schriftzeichen nicht mehr deutlich erkennen. Dann schloss er die Augen und wie eine verführerische Fata Morgana zogen die Bilder der grünen Insel an ihm vorüber:

Die violetten Berge Connemaras grüßten ihn aus der Ferne, seine dunkelblauen Seen lächelten ihm zu, am Strand von Kerry strich eine frische Meeresbrise sanft über sein Gesicht, die weiße Gischt liebkoste zärtlich seine Haut und ins Rauschen der Meeresbrandung mischten sich die erschöpften Seufzer der Liebe. Gleichzeitig vernahm er im Schrei der Möwen über den Klippen von Moher den Hilferuf Teas: Als sie ihm die Geburt ihres Sohnes mitteilte, wäre es da nicht seine Pflicht gewesen, nach Irland zurückzukehren und sie durch die Heirat von der Schande eines unehelichen Kindes zu befreien? Wie oft hatte er sich danach gesehnt, sein Kind, das er nur aus Teas Briefen kannte, selbst zu sehen und in seinen Armen zu halten.

Andererseits fühlte er sich an jenes Gelübde gebunden, das er in der dunkelsten Stunde seines Lebens abgelegt hatte: als Missionar

unermüdlich über die steinigen Wege Irlands zu wandern, um seine Söhne und Töchter durch das Licht des christlichen Glaubens der Nacht des Heidentums zu entreißen.
Er sprach die Taufformel:
„Ich taufe dich im Namen des Vaters, des Sohnes und des Heiligen Geistes."
Es erfüllte ihn mit Freude, nun mit Tea in der Gemeinschaft des gleichen Glaubens vereint zu sein. Während er den Segen erteilte fiel sein Blick auf die Gläubigen. War diese stattliche Schar, in deren erster Reihe alle Könige Irlands standen, nicht der augenfällige Beweis für den erfolgreichen Abschluss seines Lebenswerks?
Dankbar kniete er nieder und sprach ein stilles Gebet:
‚Herr, bewahre dieses Land vor allem was ich erleiden musste. Bewahre seine Söhne und Töchter vor dem Feuer des Krieges, Knechtschaft und Hungersnot. Nun, da die Flamme meines Lebens sinkt, bitte ich Dich: Schenke diesem Land alles, was ich erleben durfte. Schenke seinen Söhnen und Töchtern die Glut der Liebe und schütze die Flamme ihres Glaubens, damit sie auch in den dunklen Stunden ihres Lebens so hell leuchtet, wie das Feuer dieser Osternacht.'

*Lorenzo de Medici
und Simonetta Vespucci*

"Am Morgen des 26. April 1478 ließ ich mich in einer offenen, mit Goldbrokat ausgeschlagenen Sänfte zur Kirche Santa Maria del Fiore tragen, um am feierlichen Hochamt teilzunehmen. Da der Weg durch enge, düstere Gassen führte, war meine Leibwache verstärkt worden. Am Eingang des Doms ließ ich die Leibwächter zurück, da es mir unstatthaft erschien, diesen Ort des Gebets in Begleitung bewaffneter Männer zu betreten.

Während die Erzbischöfe unter den Klängen einer festlichen Orgelmusik in den dunklen Dom einzogen, ließ eine warme, durch die Kirchenfenster flutende Frühlingssonne ihre Soutanen in einem flammenden Rot aufleuchten. Unter den geistlichen Würdenträgern befand sich auch der Erzbischof von Pisa, Francesco Salviati. Er war mein Feind, seit ich ihm das erzbischöfliche Amt von Florenz verweigert hatte. Der am Altar stehende Erzbischof von Florenz begrüßte die Gemeinde:

‚Der Friede sei mit euch.'

Ich schlug mein Gebetbuch auf. Sein Umschlag war mit Mustern aus Kristall und Silber verziert. Doch viel kostbarer als das Buch selbst war für mich eine Miniatur, die ich darin aufbewahrte. Sie zeigte Simonetta Vespucci, eine junge Frau mit goldblondem Haar. Im Jahr 1475 war sie auf einem Turnier zur Schönheitskönigin gewählt worden. Danach hatte ich mich in sie verliebt. Unglücklicherweise gestand mir mein Bruder eines Tages, dass er sich ebenfalls in Simonetta verliebt habe. Nachdem Simonetta ihn bei einem Tanzfest kennen gelernt hatte, verließ sie mich. Nur ein Jahr genossen Giuliano und Simonetta das kurze Glück ihrer Liebe. Dann raffte ein grausames Schicksal Simonetta im blühenden Alter von 17 Jahren durch die Schwindsucht hinweg. Auf einer offenen Bahre wurde sie zum Dom getragen, wo die ganze Stadt in einem Trauergottesdienst von ihr Abschied nahm.

Der Erzbischof sprach nun die Fürbitten:

‚Beschütze die Mächtigen der Erde, welche Verantwortung für den Frieden tragen, vor allem Lorenzo de Medici.'

In diesem Moment flüsterte Jakobo de Pazzi, der von meinem Geheimdienst als potentieller Attentäter überwacht wurde, Erzbischof Salviati eine Nachricht ins Ohr, welche dieser mit einem zufriedenen Lächeln beantwortete. Nach den Dossiers meines Geheimdienstes hatte es in letzter Zeit oft Kontakte zwischen ihm und den Verschwörern gegeben. Diese planten, mich und Giuliano gemeinsam zu ermorden, um zu verhindern, dass die Regierungsgewalt nach meinem Tod

von Giuliano übernommen wurde. Da dieser wegen eines Unwohlseins im Palazzo Medici geblieben war, brauchte ich mir jetzt keine Sorge um mein Leben machen. In diesem Augenblick ging ein dumpfes Raunen durch die Schar der Kirchenbesucher. In ihrer Mitte öffnete sich eine Gasse, durch welche Giuliano schritt, begleitet von meinem erbittertsten Feind Franceschino de Pazzi, einem gewissenlosen Emporkömmling und dem liederlichen Bernardo Bandini. Ich stand rechts vom Altar. Giuliano stellte sich dem Protokoll entsprechend auf die linke Seite. Sein Gesicht war von einer fahlen Blässe überzogen. Wie oft hatte ich dieses Gesicht voll Neid betrachtet, wenn er und Simonetta in den nach Blumen duftenden Gärten meines Palastes eng umschlungen an mir vorüber gingen. Einmal ließ ich mich in einem Anfall von rasender Eifersucht dazu hinreissen, meinem eigenen Bruder den baldigen Tod zu wünschen. Auch jetzt noch, viele Jahre später, konnte ich nur mit Schaudern an die große Schuld denken, die ich mir dadurch aufgebürdet hatte.
Der Erzbischof betete:
  'Ich habe gesündigt in Gedanken, Worten und Werken.'
Drei Mal klopfte ich an meine Brust:
  'Durch meine Schuld, durch meine Schuld, durch meine übergroße Schuld.'
Ein Geheimdienstoffizier kam zu mir und

flüsterte:
'Franceschino und Bernardo sind zum Palazzo Medici gegangen, um Euren Bruder zur Messe abzuholen. Als dieser aufgrund seines Unwohlseins nicht mitkommen wollte, haben sie ihre ganze Überredungskunst angewandt, seinen Entschluss zu ändern.'
Ich musterte die um mich stehenden Personen. War unter Ihnen ein Attentäter? Aber ich blickte nur in die vertrauten Gesichter meiner besten Freunde, die mich wie eine schützende Mauer umgaben: Der Dichter Poliziano, mein Hausbankier Francesco Nori, zwei Mitglieder der Familie Cavalcanti und Filippo Strozzi. In meiner Nähe standen außerdem die mir bekannten Priester Antonio Maffei und Stefano da Bagogne. Die Glocken des Domes läuteten. Der Erzbischof hob die Hostie vor den Augen der Gläubigen in die Höhe. Beim Niederknien vor dem Allerheiligsten spürte ich einen brennenden Schmerz in meinem Nacken. Ich sprang zur Seite, schlug den Mantel um meinen rechten Arm und parierte damit die Dolchstöße der beiden Priester. Meine Freunde überwältigten sie. Ich sah, wie Bandini sein Schwert in den Rücken Giulianos bohrte, der noch einige Schritte machte und dann auf den Altarstufen zusammenbrach. Die Gläubigen stiessen einen Entsetzensschrei aus, der im Kuppelrund des Domes widerhallte. Ich lief mit Poliziano zur Sakristei. Während wir uns

von innen gegen die wuchtigen Bronzetüren stemmten, stürzte Bandini mit seinem blutigen Schwert auf mich zu. Quälend langsam drehten sich die schweren Türflügel in der Angel und schlossen sich gerade noch rechtzeitig vor dem Mörder."

Überwältigt von der Erinnerung an dieses schreckliche Attentat unterbrach der auf dem Sterbebett liegende Lorenzo de Medici seine Beichte durch ein längeres Schweigen. Dann fuhr er fort:

„In der vergangenen Nacht hatte ich einen seltsamen Traum:

Nach einem Fest saß ich im Saal meines Palastes. Die fröhliche Musik war verklungen. Alle Gäste hatten das Haus verlassen. Aus meinem Becher trank ich den letzten Schluck des köstlichen Weines. Ein Diener in schwarzer Uniform betrat lautlos den Saal und löschte das Kerzenlicht der goldenen Kandelaber. Mit jeder erlöschenden Kerze versank die kostbare Welt der wertvollen Bücher, Gobelins und Ölgemälde, die ich im Verlauf meines langen Lebens angesammelt hatte, ein wenig mehr im Dunkel. Plötzlich wurde die Tür aufgerissen. Im flackernden Licht der letzten Kerzen sah ich das blutverschmierte Gesicht des Mörders Bandini.

‚Was wollt Ihr noch, Bandini?', sagte ich.

‚Mein Fest ist doch zu Ende.'

Er aber lachte höhnisch und rief:

‚Mich werdet Ihr niemals los. Denn Ihr habt

Eurem Bruder den Tod gewünscht, und ich war die Tat zu Eurem Gedanken. Deshalb soll Eure Seele verflucht sein und niemals Ruhe finden.'

Schweißgebadet erwachte ich aus diesem furchtbaren Traum. Ich bitte Euch, mir nun die Sündenvergebung zu erteilen, damit ich ohne diese schwere Schuld vor meinen höchsten Richter treten kann."

Der Beichtvater gab Lorenzo de Medici die letzte Ölung und erteilte ihm die Sündenvergebung. Danach schloss Lorenzo die Augen und der schwarze Mönch blies das Licht der auf dem Nachttisch stehenden Kerze aus.

Die Meuterei

Im Sommer 1524 landete der portugiesische Offizier Gonzalo Gomez in einer Bucht der philippinischen Insel Matan und errichtete einen Gedenkstein mit folgender Inschrift:

‚Am 20. September 1519 brach der portugiesische Kapitän Magellan mit 5 Schiffen und 230 Gefährten in San Lucar zur ersten Weltumseglung auf. Am 27. April fand er an dieser Stelle im Kampf gegen Eingeborene den Tod. Nur 1 Schiff und 18 Gefährten kehrten 1522 nach Sevilla zurück.'

In der mondhellen Nacht des 20. März 1520 stand Kapitän Magellan an der Reling seines Flaggschiffs 'Trinidad' und musterte aufmerksam den dunklen Streifen der argentinischen Küste. Bereits seit einhundertachtzig Tagen und Nächten durchpflügte der Bug seines Schiffes die Wellen des atlantischen Ozeans. Von Tag zu Tag wuchs sein Staunen über die endlose Weite dieses Meeres und zugleich sein brennender Wunsch, endlich den Durchgang zu jenem anderen Ozean zu entdecken, dem er als erster einen Namen geben wollte. Die Entdeckung dieses Durchgangs würde in ihm vielleicht noch einmal jenes grenzenlose Glücksgefühl auslösen, das er nur ein einziges Mal in seiner Kindheit beim Anblick eines Schiffes im Hafen

von Lissabon empfunden hatte. Rückblickend erschien ihm dieses Gefühl wie ein Versprechen, das niemals in Erfüllung gegangen war. Vielleicht hatten die jahrelangen Vorbereitungen seiner Weltumseglung nur ein einziges Ziel: am Ende der langen Reise auf einer der paradiesischen Inseln des unbekannten Ozeans die Erfüllung jenes Versprechens zu finden.
Er blickte zu den Sternen empor. Diese treuen Reisebegleiter ermöglichten es ihm, auch in der Dunkelheit den Kurs zu halten. Treue und Gehorsam hatte ihm auch seine Mannschaft an jenem 20. September 1519 geschworen, als sich die Männer in der Kathedrale 'Santa Maria de la Victoria' versammelten, um für einen glücklichen Verlauf der Expedition zu beten. Doch kaum waren die Schiffe auf hoher See, überbrachte ihm eine aus Portugal nacheilende Galeone die Warnung, spanische Offiziere planten eine Verschwörung gegen ihn. In den folgenden Monaten schien sich das Schicksal selbst gegen ihn zu verschwören. Ein großer Teil der Mannschaft ging an einer rätselhaften Krankheit zugrunde. In schweren Stürmen vor der nordargentinischen Küste blickten er und seine Gefährten mehrmals dem nahen Tod ins Auge. Die sturmgepeitschten Wellen schlugen Lecke in die Schiffsplanken, wodurch ein Teil der Lebensmittelvorräte verloren ging. Seit drei Monaten hauste das

hohlwangige Gespenst des Hungers auf seinen Schiffen.

Der wachhabende Offizier Gonzalo Gomez trat in diesem Augenblick auf den Kapitän zu, um Meldung von der Nachtwache zu machen:

„Ein spanischer Matrose hat mir soeben eine vertrauliche Mitteilung gemacht. Unter den spanischen Mannschaften kursiert das Gerücht, die Galeone habe Euch den Geheimbefehl des portugiesischen Königs überbracht, die spanischen Schiffe ins Verderben zu führen, um die spanische Flotte zu schwächen. Da die Matrosen jede Hoffnung auf einen erfolgreichen Abschluss unserer Expedition verloren haben, wird die auf dem Boden von Verzweiflung und Hunger ausgestreute Saat der Meuterei rasch gedeihen."

„Glaubt Ihr, Gomez, ich würde der Mannschaft die Strapazen dieser Expedition noch weiter zumuten, wenn ich nicht die feste Überzeugung hätte, den Durchgang zu finden? Da Ihr mein bester Freund seid, will ich Euch ein Geheimnis verraten, über das ich bisher strengstes Stillschweigen bewahrt habe: In der Bibliothek von Lissabon fand ich den Expeditionsbericht eines portugiesischen Kapitäns. Er entdeckte an der Südspitze Argentiniens einen von dunklen Felsen umschlossenen, gefährlichen Durchgang. Nachdem er diesen durchsegelt hatte, gelangte er in ein ruhiges, friedliches Meer mit zahlreichen Inseln von paradiesischer Schönheit. Dieser Bericht wurde für mich gewissermaßen zur Bibel meines Lebens. Auf diesem Bericht beruht mein unerschütterlicher Glaube, eines Tages diese paradiesischen Inseln zu erreichen."

„Wenn jedoch der portugiesische Kapitän in seinem Bericht nur Seemannsgarn gesponnen hat?"

„Auch in diesem Fall verdanke ich diesem Bericht mein Lebensglück. Denn aufgrund dieses Berichts habe ich mein Lebensziel gefunden: als erster Kapitän die Welt zu umsegeln und damit den unumstößlichen Beweis zu erbringen, dass unsere Erde eine Kugel ist."

In diesem Augenblick stürzte der zweite wachhabende Offizier auf das Deck und erstattete mit bebender Stimme folgenden Bericht.

„Die portugiesischen Matrosen der 'San Antonio' wurden heute Nacht heimtückisch überfallen und gefesselt. Die Meuterei wird von Luis de Mendoza, dem Kapitän der 'Victoria' angeführt. Noch vor Sonnenaufgang will er Kurs auf Spanien nehmen."

Gomez wies erschrocken auf die dunkle Silhouette der 'Victoria':

„Diese Verräter! Sie holen die portugiesische Flagge ein."

„Auch die 'Concepcion' hat sich der Meuterei angeschlossen. Nur noch die 'Santiago'

erkennt Euch als Oberbefehlshaber der Flotte an", beendete der Offizier seinen Bericht.
Magellan legte seine Hand auf die Schulter von Gomez:

„Wie beurteilt Ihr unsere Lage?"

„Im Fall einer Schlacht sind unsere 'Trinidad' und die kleine 'Santiago' den drei grösseren Schiffen der Meuterer hoffnungslos unterlegen. Auf die spanischen Offiziere können wir uns nicht verlassen. Wenn es zum Kampf kommt, werden sie höchstwahrscheinlich zu den Meuterern überlaufen. Jeder Versuch, die Meuterei mit Gewalt niederzuschlagen, würde meines Erachtens unseren sicheren Tod bedeuten."

„Ich habe eine Idee, wie die Meuterei beendet werden kann. Freilich wird mein Plan nur gelingen, wenn er geheim bleibt. Begleitet mich daher in meine Kajüte, wo uns kein feindliches Ohr belauschen kann."
Nachdem der Kapitän Gomez in seinen Plan eingeweiht hatte, erklärte dieser bestürzt:

„Euer Plan kann gelingen. Aber ich möchte nicht, dass Ihr selbst ihn ausführt. Wer eine so kühne Tat wagt, riskiert sein Leben. Euer Tod würde das endgültige Scheitern unserer Expedition bedeuten. Gewährt mir deshalb die Bitte, den Plan an Eurer Stelle auszuführen."
Während Gomez ein Boot ins Wasser ließ und mit fünf Matrosen auf die 'Victoria' zu ruderte, sah Magellan, dass auf den Schiffen

der Meuterer bereits die Großsegel gesetzt wurden. Konnte Gomez die 'Victoria' noch erreichen, bevor die Schiffe aufbrachen? Würde Luis de Mendoza den Abgesandten eines Admirals, dessen Oberbefehl er nicht mehr anerkannte, überhaupt noch empfangen? Gomez hatte den Auftrag, einen Brief an Mendoza zu überreichen. Würde es ihm gelingen, während Mendoza durch das Lesen abgelenkt war, blitzschnell den unter seinem Hemd verborgenen Dolch zu ziehen und den Meuterer tödlich zu treffen? Unruhig marschierte der Admiral an der Reling hin und her, den Blick gespannt auf die 'Victoria' gerichtet. Wie lange musste er noch warten, bis endlich die am Mast aufsteigende portugiesische Fahne den Sieg über die Meuterer verkündete? Der Schrei einer Möwe zerriss die morgendliche Stille. Dann sah er die portugiesische Flagge aufsteigen, zuerst am Mast der 'Victoria', etwas später über der 'San Antonio' und 'Concepcion'.

Zum zweiten Mal in seinem Leben empfand er ein grenzenloses Glücksgefühl. Und wieder erschien ihm dieses Gefühl wie das Versprechen eines noch größeren Glückes, das jenseits des dunklen Durchgangs auf ihn wartete.

Königin Marie Antoinette und Graf Fersen

Am 5. Oktober 1789 begegnete der schwedische Graf Axel von Fersen, der auf seinem weißen Wallach nach Saint Cloud ritt, der seltsamsten Garde, die er je gesehen hatte: An der Spitze marschierte eine junge, rothaarige Frau. Zum Rhythmus ihrer blauen Trommel skandierten die hinter ihr folgenden, in ärmliche Lumpen gekleideten Weiber:

„Brot für unsere Kinder - der König nach Paris - Brot für unsere Kinder ..."

Beim Anblick der goldbestickten Uniform des Grafen bekam das vom Hunger abgemagerte Gesicht der Trommlerin einen hasserfüllten Ausdruck. Bevor sie die Pistole auf ihn richten konnte, hatte der Graf seinem Pferd die Sporen gegeben, um möglichst rasch Versailles zu erreichen. Während die Pappeln der Allee an ihm vorüber flogen, liefen in seinem Kopf die bisherigen Ereignisse der Revolution ab, die ein atemberaubendes Tempo entwickelt hatte:

5. Mai 1789: Vertreter von Adel, Geistlichkeit und Volk treffen sich in Versailles.

17. Juni: Die Vertretung des Volkes, der so genannte 'Dritte Stand', erklärt sich zur 'Nationalversammlung' und leistet im Ballhaus den Schwur, sich nicht aufzulösen, bis der Wille des Volkes erfüllt ist.

14. Juli: Zwanzigtausend Menschen stürmen das Bastille-Gefängnis, die meist gehasste Zwingburg von Paris.
Im Geist sah der Graf die Garde der Pariser Weiber auf dem Marsch nach Versailles zu einer tausendköpfigen Revolutionsarmee anwachsen, die trotz der stark besetzten Palastwache zu einer Bedrohung für die Königin werden konnte. Obwohl Agenten des Königs nach ihm fahndeten, seit seine heimliche Liebe zur Königin entdeckt worden war und er damit rechnen musste, dass der allmächtige König den Liebhaber seiner Frau ohne Gerichtsverhandlung für den Rest seines Lebens in den Kerker werfen lassen würde, trieb er sein Pferd zu schärfstem Galopp, um der Geliebten die rechtzeitige Flucht zu ermöglichen. Mit Hilfe eines Wachsoldaten, der dem Graf bei seinen heimlichen Rendezvous stets eine seiner Uniformen auslieh, gelangte er von der übrigen Dienerschaft unerkannt in den Salon der Königin. Marie Antoinette war erschrocken über die Gefahr, welcher er sich aussetzte: Möglicherweise habe ihn ein Geheimagent trotz seiner Verkleidung erkannt und sei bereits auf dem Weg zur Jagdgesellschaft des Königs, um Meldung zu machen. Da der König nur eine dreiviertel Stunde entfernt sei, dürfe der Graf um seiner Sicherheit willen nur eine kurze Stunde bei ihr bleiben.
Hierauf entgegnete der Graf:

„Madame, ein Heer von Aufständischen nähert sich Versailles. Sie müssen sofort fliehen!"

„Wenn ich mich von der schmutzigen Schlammwelle dieser Rebellion aus Versailles vertreiben ließe, würde ich meine Selbstachtung verlieren."

„Was Sie eine Rebellion nennen, ist eine Revolution, die bereits stark genug ist, um ihre Speerspitze gegen Versailles, das Herz der Monarchie zu richten. Noch kann die blutige Maschinerie der Revolution gestoppt werden. Die Erfüllung der Forderungen des 'Dritten Standes' ist die letzte Möglichkeit, um zu verhindern, dass die verschiedenen revolutionären Strömungen sich zu einem reissenden Strom vereinen, in dem nicht nur das Blut der Revolutionäre fließen wird sondern eines Tages vielleicht sogar Ihr Blut."

„Die Forderung des 'Dritten Standes' nach Mitbestimmung des Volkes ist eine Auflehnung gegen die gottgewollte Macht des Königs über sein Volk."

„Dem König ist die Macht über sein Volk verliehen, nicht jedoch über die Gedanken seiner Untertanen. Auch ohne königliche Genehmigung haben sich die Ideen der Freiheit, Gleichheit und Brüderlichkeit in den Köpfen der Menschen verbreitet. Wenn der König nicht den Mut aufbringt, das Volk durch tiefgreifende Reformen vom Joch der Steuerlast zu befreien, wird es seine Ketten selbst sprengen. Dann kann die Revolution zur Geburtsstunde einer französischen Republik werden."

„Jetzt sprechen Sie wie ein Revolutionär. Wenn ich Sie nicht sosehr lieben würde, müsste ich Sie sofort verhaften lassen."
In diesem Moment wurden die beiden durch den Klang eines Jagdhorns aufgeschreckt. Nur einen kurzen Abschiedskuss gönnte das Schicksal den Liebenden. Danach tauschten sie ihre Ringe aus mit dem Versprechen, einander für immer in Liebe verbunden zu bleiben. Kaum war der Graf weg geritten, ergoss sich der auf mehrere tausend Menschen angewachsene Strom der Revolutionäre in die Avenue de Paris. In immer stärkeren Wellen brandeten die Schreie des Volkes gegen das goldene Schlosstor:

„Brot für unsere Kinder - Der König nach Paris - Brot für unsere Kinder ..."
Um dem bedrohlichen Lärm zu entfliehen, ließ sich die Königin in ihr Privatschloss Trianon kutschieren. Doch die Gewissensbisse, welche der Schrei nach Brot für die Kinder in ihr geweckt hatte, ließen sie auch in der Stille des goldenen Rokoko-Salons nicht zur Ruhe kommen. Sie musste daran denken, dass der Bau von Trianon zwei Millionen Livre gekostet hatte. Diese Steuerlast ruhte allein auf den Schultern des Volkes, da Adel und Geistlichkeit von allen Steuern befreit waren. Jetzt, da die Revolution

Versailles erreicht hatte, warf sich Marie Antoinette vor, in den vergangenen Monaten die Augen vor den am Horizont aufziehenden Wolken verschlossen zu haben. Aber die heimlichen Stunden der Liebe mit dem Grafen hatten ihr Leben in einen Traum verwandelt, der zu schön war, um sich aus ihm durch das Wetterleuchten der Revolution aufwecken zu lassen. Soweit ihre Erinnerung zurück reichte, waren die Abenteuer des Herzens für sie stets wichtiger gewesen als die Pflichten einer Königin.

Während am folgenden Tag die königliche Kutsche zum letzten Mal durch den Schlosshof rollte, vorbei am Reiterstandbild des stolzen Sonnenkönigs Ludwig XIV., wurde sie vom triumphierenden Geschrei des Volkes begleitet. Die Faust der Revolution hatte das Schlossportal mit solcher Gewalt zertrümmert, dass die goldenen Rokoko-Spieluhren am Boden zerschellten. Ihr fröhliches Spiel war für immer ausgeklungen. Der erste, heitere Akt ihres Lebens war für die Königin zu Ende. Nun begann der zweite Akt unter dem Schatten des Schafotts.

Nachdem Ludwig XVI. infolge eines misslungenen Fluchtversuchs den letzten Rest seines Ansehens beim Volk verloren hatte, wurde er durch die vom Nationalkonvent beschlossene Abschaffung des Königtums entmachtet. Mit der Ausrufung einer Republik am 21. September 1792 war die Revolution am Ziel angelangt. Inzwischen jedoch hatte Robespierre im Feuer der Revolution das Fallbeil seiner Schreckensherrschaft geschmiedet. Aus Rachsucht forderte er vom König das Letzte, was diesem noch geblieben war: sein Leben. Die Hinrichtung erfolgte am 21. Januar 1793.

Danach begann der Abstieg Marie Antoinettes vom glänzenden Thron zum schmutzigen Gefängnisboden der Conciergerie. Ihr Gefängniswärter, einst ein hasserfüllter Gegner der Monarchie, der sich am Sturm des Volkes auf das königliche Tuilerienschloss beteiligt hatte, war unter dem Einfluss der Liebenswürdigkeit seiner Gefangenen zu einem glühenden Verehrer der Königin geworden. Unter Lebensgefahr schmuggelte er ihre Briefe aus dem Gefängnis. Täglich brachte er ihr einen Blumenstrauß in die dunkle Zelle. Auch im Herzen der Königin vollzog sich in den letzten Monaten ihrer Kerkerhaft eine große Wandlung. Sie, der die Volksmeinung in den glücklichen Tagen von Trianon gleichgültig gewesen war, schöpfte im Dunkel der Zelle ihre ganze Kraft aus dem Gedanken, dem Volk bei der Gerichtsververhandlung zu beweisen, dass Robespierres Terrorregime ihr zwar die Freiheit nehmen konnte, nicht jedoch ihre aufrechte, tapfere Haltung.

Der Prozessankläger Hébert schreckte auch vor den infamsten Verleumdungen nicht

zurück, um das Ansehen der Königin in den Schmutz zu ziehen. Das Volk auf der Zuschauertribüne jedoch, das die Verschwenderin von Trianon gehasst hatte, empfand keinen Hass mehr gegen diese zu Unrecht verleumdete Frau, die den absurden Anschuldigungen Héberts mit Würde begegnete. Da Hébert seinen Antrag auf das Todesurteil nicht durch verwertbare Dokumente begründen konnte, war es für das gesunde Gerechtigkeitsempfinden des Volkes offensichtlich, dass die vom Gericht verhängte Todesstrafe einen Racheakt darstellte. Obgleich Hébert alles versucht hatte, um der Königin eine Niederlage zu bereiten, verließ sie den Gerichtssaal als moralische Siegerin.
Wenige Stunden vor ihrer Hinrichtung schrieb Marie Antoinette einen Abschiedsbrief an Graf Fersen. Er schloss mit den Worten:
‚Geliebtester und liebenswertester aller Menschen. Nun gilt es, für immer Abschied zu nehmen. In Gedanken umarme ich Sie ein letztes Mal. Seien Sie gewiss: Die Worte des Ringes, den Sie mir beim Abschied in Versailles geschenkt haben, bedeudeuten für mich in diesen schweren Stunden Trost und Hoffnung.'
Die Inschrift des Ringes lautete:
‚Alles führt mich zu dir.'

Pariser Kriegstagebuch

Jeder Mensch von Kultur hat zwei Vaterländer: sein eigenes und Frankreich.
Dieser Ausspruch des amerikanischen Präsidenten Thomas Jefferson traf in besonderer Weise auf meinen Vater zu. Seine Begeisterung für Frankreich beruhte auf einer profunden Kenntnis der französischen Literatur, die er sich durch das Romanistik-Studium in Paris erworben hatte. In seinem Kriegstagebuch berichtet er über Begegnungen mit Abbé Franz Stock, dem wichtigsten Wegbereiter der deutsch-französischen Versöhnung.

Paris, den 15. Januar 1943

Nachmittags machte ich einen Spaziergang ins 'Quartier latin', wo ich als Student wohnte. Die ausgehungerten Gesichter der in langen Warteschlangen vor den Lebensmittelgeschäften stehenden Menschen wirkten bedrückt. Einige warfen hasserfüllte Blicke auf meine Uniform. Welche Demütigung musste es für diese Menschen bedeuten, auf dem Arc de Triomphe eine rote Hakenkreuzfahne zu sehen, auf den Champs - Elysées täglich die Marschmusik deutscher Soldaten zu hören und beim Gang durch Paris den an allen Straßenkreuzungen aufgestellten deutschen Wegweisern folgen zu müssen. Im

Café 'Deux Magots' las ich eine Bekanntmachung des deutschen Militärbefehlshabers. Sie verbot den Wehrmachtsangehörigen, nachts allein spazieren zu gehen, untersagte jeden privaten Kontakt zur Zivilbevölkerung und warnte vor engen Beziehungen zu Französinnen.
Abends ging ich zum deutschen Gemeindezentrum in die Rue Lhomond, um meinen Freund Pfarrer Franz Stock zu besuchen. Wir hatten uns 1926 auf einem europäischen Friedenstreffen kennen gelernt. Bei meinem Eintreffen war er damit beschäftigt, die Innentaschen seines Mantels für den morgigen Besuch im Gefängnis Fresnes zu füllen. Er hielt einen Zettel in der Hand:
„Ich habe die Wünsche der Gefangenen notiert. Zelle 161 braucht einen Kamm, Zelle 190 einen Lippenstift, Zelle 201 ein Stück Seife und Zelle 208 eine Bibel. Die Gefangenen haben tausend Wünsche, ich jedoch habe nur einen Mantel, um die gewünschten Gegenstände ins Gefängnis zu schmuggeln. Nimm bitte Platz, ich werde dir erzählen, weshalb aus dem Pfarrer der Deutschen Gemeinde ein Schmuggler geworden ist:
Im Juli 1940 schickte General De Gaulle aus dem Londoner Exil die folgende Radiobotschaft an alle Franzosen:
‚Frankreich hat eine Schlacht, jedoch nicht den Krieg verloren. Die Flamme des französischen Widerstands darf nicht erlöschen!'

Diese Botschaft war für die Widerstandsbewegung das Fanal zum Beginn des Kampfes. Die Gefängnisse füllten sich mehr und mehr mit Widerstandskämpfern. Es gehört zu meinen Aufgaben als Standortpfarrer von Paris, die Häftlinge in den Gefängnissen Fresnes, La Santé, Cherche-Midi und La Pitié zu betreuen. Eine Zelle ist durchschnittlich mit fünf Häftlingen belegt. Sie liegen auf dem Boden, da es keine Pritschen gibt. Ich besuche Tag und Nacht die überfüllten Gefängnisse, oft an einem Tag bis zu fünfzig Zellen."
Der Abbé wurde plötzlich blass und legte die Hand auf sein Herz.
„Entschuldige bitte. Seit ich die zum Tod verurteilten Widerstandskämpfer und Geiseln zur Hinrichtung begleiten muss, treten meine Herzschmerzen immer häufiger auf. Bei deinem nächsten Besuch werde ich meinen Bericht fortsetzen."

Paris, den 19. Januar 1943

Gestern beim Abendgottesdienst im Gemeindezentrum. Nach der Messe sagte der Abbé zu mir:
„Komm bitte in meine Wohnung. Ich bin froh, wenn ich jemandem erzählen kann, was ich heute erleben musste."
Nachdem er zwei Gläser Wein eingeschenkt hatte, berichtete er:

„Vorletzte Nacht hielt ein mit zehn jungen Widerstandskämpfern besetzter Lastwagen an der Metrostation Porte Dauphine. Die Jugendlichen hatten den Auftrag, dort auf ihren Einsatzleiter, Hauptmann Jean, zu warten. Ein Mann kam auf sie zu, stellte sich als Hauptmann Jean vor, nannte das vereinbarte Losungswort und sagte:
‚Wir müssen noch auf acht weitere Widerstandskämpfer warten.'
Nachdem diese eingetroffen waren, fuhr der LKW los. Nach etwa zehn Minuten hielt er. Der Hauptmann rief:
‚Alle abspringen!'
Beim Hochheben der Plane konnten die Jugendlichen nichts erkennen, da es stockdunkel war. Nach dem Absprung standen sie plötzlich in grellem Scheinwerferlicht und sahen Maschinengewehrmündungen auf sich gerichtet. Heute Morgen wurden drei der achtzehn Jugendlichen durch ein Kriegsgericht zum Tod verurteilt. Ich hatte die schwere Aufgabe, sie heute Nachmittag zur Hinrichtung auf den Mont Valérien zu begleiten. Der erste, ein siebzehnjähriger Bretone, ging schweigend in den Tod, ohne ein einziges Wort vor seiner Erschießung zu sprechen. Aus seinem Blick sprach eine Trauer, die ich nie mehr vergessen werde.
Der zweite, ein neunzehnjähriger Kommunist, sagte zu mir:
‚Monsieur Abbé, es tut mir leid, Ihnen

Mühe zu machen. Ich bin Atheist und brauche Sie nicht.'

Er starb mit dem Ruf:

'Es lebe die kommunistische Partei!'

Der dritte, ein achtzehnjähriger Christ, sprach mit mir ein gemeinsames Gebet. Danach umarmte er mich. Seine letzten Worte waren:

'Monsieur Abbé, sagen Sie allen Deutschen, dass ich ohne Hass gegen sie sterbe.'

Paris, den 21. Januar 1943

Die roten Plakate mit den Namen der hingerichteten Jugendlichen werden jede Nacht heimlich mit Blumen geschmückt. Das Sterben der jungen Résistancekämpfer hat die Flamme des Widerstands von neuem entfacht. Seit ihrer Hinrichtung wurden mehrere Soldaten durch Attentate getötet. Da die Widerstandskämpfer nach einem Anschlag oft in den Abwasserkanälen von Paris verschwinden, werden diese nach einem Attentat von Soldatenpatrouillen durchsucht. Wegen der hohen Verlustziffern heißen diese Patrouillen im Soldatenjargon 'Himmelfahrtskommando'. Gestern wurde ich zu einer Kanalpatrouille eingeteilt. Abends konnte ich keinen Bissen essen. Mein Freund Georg fragte:

„Was ist heute Abend mit dir los?"

„Falls morgen ein Attentat passiert, bin ich

für das Himmelfahrtskommando eingeteilt."
Er aß schweigend zu Ende. Dann sagte er:
„Ich werde für dich an der Patrouille teilnehmen. Wenn dir etwas passiert, verliert deine Frau ihren Mann und dein Sohn den Vater. Ich bin allein stehend. Wenn mir etwas zustößt, vermisst mich niemand."
Gestern wurden Georg und seine drei Begleiter in einem Abwasserkanal unterhalb des Trocadero Platzes getötet. Die Beisetzung fand heute Nachmittag auf dem Friedhof La Garenne statt. Abbé Stock sagte:
„Ich musste in den letzten zwei Jahren häufig erleben, wie junge Menschen ihr Leben verloren. Erst vor zwei Tagen begleitete ich drei Jugendliche zur Hinrichtung auf den Mont Valérien. Jetzt habe ich zum ersten Mal erlebt, dass einem jungen Familienvater das Leben geschenkt wurde und zwar durch den freiwilligen Opfergang seines Kameraden Georg Huber, an dessen Grab wir trauern."

Paris, den 26. Januar 1943

Gestern vertauschte ich die Uniform mit einem Zivilanzug, setzte eine Baskenmütze auf und fuhr zur Rue de Clignancourt, um meinen Studienfreund Alain Armand zu besuchen. Eine junge, blasse Frau öffnete das Fenster.
„Was wollen Sie?"

„Ich bin ein Freund von Alain."

„Sie sprechen mit demselben Akzent wie die beiden Männer, von denen er gestern verhaftet wurde."

In diesem Moment tauchte hinter mir eine Soldatenpatrouille auf.

„Öffnen Sie bitte die Tür! Wenn meine Papiere kontrolliert werden, muss ich ins Gefängnis, da deutsche Soldaten keinen Kontakt zur Zivilbevölkerung aufnehmen dürfen."

Ich sah die beiden Soldaten immer näher kommen. Endlich, nach endlos langen Sekunden des Wartens, wurde die Tür gerade noch rechtzeitig geöffnet.

In der Wohnung sah es chaotisch aus.

„Das waren Gestapoleute. Sie haben heute früh die ganze Wohnung durchwühlt."

„Sie sind Hélène, nicht wahr?"

„Woher wissen Sie das?", fragte sie misstrauisch.

„Ich habe Sie auf dem Hochzeitsfoto gesehen, das Alain mir letztes Jahr geschickt hat. Weshalb wurde er verhaftet?"

„Er arbeitete in einer Geheimdruckerei der Zeitschrift ‚Défense de la France'. Dort fand die Gestapo seine Telefonnummer. Heute Nachmittag wurde er von einem Gericht zum Tod verurteilt. Morgen früh um fünf Uhr erfolgt die Hinrichtung."

Erschöpft sank sie auf einen Stuhl. Tränen liefen über ihre Wangen. Ich telefonierte mit

Abbé Stock und bat ihn, beim Kommandant von Paris einen Begnadigungsantrag zu stellen.

„Ich werde das Begnadigungsgesuch sofort stellen", sagte der Abbé. Nach einigen Minuten meldete er sich wieder.

„Der Kommandant ist bei einer Lagebesprechung in Fontainebleau und wird erst in der Nacht zurück erwartet. Sein Adjutant hat mir jedoch versichert, dass er mein Begnadigungsgesuch vortragen wird."

Nun begann für Hélène und mich eine endlos lange Nacht des Wartens. Das Hoffnungslicht, welches mein Telefongespräch in ihren von Tränen verdunkelten Augen entzündet hatte, erlosch mehr und mehr. Als es von der Sacré-Coeur Kirche fünf Uhr schlug, sagte sie leise:

„Jetzt hat er es hinter sich."

In diesem Moment schrillte das Telefon. Es war Abbé Stock.

„Sag Hélène, dass ihr Mann lebt. Im letzten Augenblick, als sich das Erschießungskommando bereits aufgestellt hatte, kam die telefonische Meldung des Adjutanten, dass der Kommandant die Begnadigung unterzeichnet hat."

Paris, den 29. Januar 1943

Gestern bei Abbé Stock, um mich für die Rettung Alains zu bedanken. Er war damit beschäftigt, Briefe von Gefangenen, die er ihren Angehörigen zum Lesen gegeben hatte, in seinem Ofen zu verbrennen.

„Ich muss alle Spuren meiner Tätigkeit beseitigen. Ein Gewährsmann der deutschen Botschaft hat mir mitgeteilt, dass ich vom Sicherheitsdienst überwacht werde."

Es läutete. Die Haushälterin führte Gräfin d'Orves ins Zimmer, eine brünette, etwa 40 Jahre alte Frau, deren Kleidung und Aussehen trotz der schlechten Versorgungslage von Paris auffallend elegant waren. Erschrocken blickte sie auf meine Uniform. Der Abbé sagte:

„Sie können unbesorgt sein. Ich bürge für meinen Freund. Er wird Sie nicht verraten."

Danach zog sie ein Bündel von Tausend Franc Scheinen aus ihrer Handtasche.

„Ich habe wieder bei meinen Freunden gesammelt. Kaufen Sie damit bitte Lebensmittel, Medikamente und Bücher für die Gefangenen."

Nachdem sich die Gräfin verabschiedet hatte, sagte der Abbé:

„Die Gräfin unterstützt mich aus Dankbarkeit, weil ich ihren Mann im Gefängnis betreut habe. Er emigrierte mit General de Gaulle nach London. Am 4. Juni 1940 schickte der General folgenden Funkspruch an die Widerstandsgruppen:

‚Graf d'Orves kehrt nach Frankreich zurück, um aus allen Résistancegruppen eine schlagkräftige Widerstandsorganisation aufzubauen.'

In der Nacht des 18. Juni sprang der Graf aus einem englischen Flugzeug über Beauvais ab. Er landete auf einer Waldlichtung, die der Résistance über Funk gemeldet worden war. In der Tasche seines Jacketts hatte er eine Liste mit den Adressen und Decknamen aller französischen Widerstandsgruppen. Nach seiner Landung wurde er von Oberst Serge begrüßt, der sich als neuer Chef der Widerstandsgruppe Beauvais vorstellte. Die beiden Männer stiegen in den Fond eines schwarzen Renault, der mit abgedunkelten Scheinwerfern losfuhr.

‚Beim Start in London hat es geregnet', sagte der Graf. Er wartete auf den mit Beauvais durch Sonderkurier vereinbarten Codesatz: ‚Die dunklen Wolken werden bald verschwinden.' Der Mann neben ihm antwortete nicht, starrte nur schweigend ins Dunkel der Nacht. In diesem Moment wusste der Graf: Er saß nicht im Wagen der Résistance sondern in einer Falle der deutschen Abwehr."

Im Büro läutete das Telefon. Nach dem Telefonat eilte der Abbé zur Tür.

„Ich muss sofort ins Hospital Cochin. Ein Mitglied meiner Gemeinde wurde mit einem lebensbedrohlichem Herzinfarkt eingeliefert."

Paris, den 31. Januar 1943

Morgens in der Stadtkommandantur am Opernplatz. Hier gab es nur ein Gesprächsthema: die heutige Kapitulation von Generalfeldmarschall Paulus in Stalingrad. Im Geist sah ich die deutschen Soldaten durch den Schnee Sibiriens marschieren. Als ich vom Clichy - Platz zur Deputiertenkammer fuhr, stand auf den Wänden aller Metrostationen das Wort 'Stalingrad'. Das über dem Eingang der Deputiertenkammer hängende Spruchband 'Wir siegen an allen Fronten' wirkte auf mich wie bitterer Hohn. Nach dem Dienstschluss ging ich durch den Tuilerienpark. Fast alle Frauen trugen blaue Röcke, weiße Blusen und rote Halstücher. Ich begriff sofort: Sie hatten Kleider in den französischen Nationalfarben angezogen, um die deutsche Niederlage in Stalingrad zu feiern. Vor der Orangerie blieb ich stehen. Da wegen des Benzinmangels keine Autos fahren durften, lag der leere Concorde-Platz in völliger Stille vor mir, was seine Schönheit noch erhöhte. In diesem Augenblick empfand ich eine tiefe Dankbarkeit. Im Gegensatz zum völlig zerstörten Stalingrad war meine Studienstadt trotz des Krieges bisher unversehrt geblieben. Sirenengeheul zerriss die Abendstille. Kurze Zeit später tauchten englische Bomber über dem Louvre auf. Die Spaziergänger im Tuilerienpark ließen sich von den Flugzeugen nicht beunruhigen, da diese ihre tödliche Ladung über den Vororten von Paris auf die für deutsche Rüstungsprojekte arbeitenden Fabriken abwarfen. Als ich den Concorde-Platz überquerte, stiegen hinter dem Arc de Triomphe schwarze Rauchwolken auf und verdunkelten den goldroten Abendhimmel.

Paris, den 7. Februar 1943

Abbé Stock hielt im Gemeindezentrum einen Vortrag über die deutschen Gelehrten an der Universität Paris. Danach lud er mich in seine Wohnung ein und ich bat ihn, mir noch den zweiten Teil seines Berichts über Graf d'Orves zu erzählen. Nachdem er zwei Gläser mit dunkelrotem Bordeaux gefüllt hatte, begann er:

„Im Auto überlegte der Graf fieberhaft, wie er seine Adressenliste vernichten konnte. Der Renault fuhr durch ein kleines Städtchen.

'Halten Sie bei dieser Telefonzelle' befahl er dem Fahrer. 'Ich muss innerhalb einer Stunde der Zentrale in London durch ein Codewort melden, dass die Kontaktaufnahme mit Beauvais planmäßig verlaufen ist.'

Er ging zur Telefonzelle, informierte die Zentrale, dass der deutschen Abwehr die Dechiffrierung des Funkspruchs gelungen und er selbst in ihre Hände gefallen sei, knüllte die Adressenliste zusammen und schluckte sie. Sekunden später spürte er den Lauf einer Pistole in seinem Rücken.

Einen Tag nach seiner Einlieferung ins Gefängnis Fresnes brachte mir die Gräfin einen Brief an ihren Mann und sein Lieblingsbuch: Goethes 'Faust'.

Als ich am nächsten Morgen die Einzelzelle des Grafen betrat, erschrak ich über sein Aussehen. Er war die ganze Nacht von der Gestapo verhört und gefoltert worden. Man hatte ihm seit seiner Einlieferung noch nichts zum Essen gebracht. Ich gab ihm Lebensmittel, den Brief seiner Frau und das Buch. Da er aufgrund seiner Schmerzen nicht schreiben konnte, diktierte er mir den Antwortbrief an seine Frau.

Im Verlauf der nächsten Wochen gelang es der Gestapo nicht, die Adressen der Widerstandsgruppen aus dem Graf herauszuprügeln. Mir jedoch gelang es jeden Tag auf die gleiche Weise, ihm die Nachrichten seiner Frau zu überbringen. Während ein Wachsoldat vor der halb geöffneten Tür stand, sagte ich laut:

'Nun wollen wir zusammen einige Gebete sprechen.'

Zwischen den laut gesprochenen Gebeten flüsterte ich ihm leise ihre Nachrichten zu.

Am 28. August 1941 wurde Graf d'Orves durch ein Kriegsgericht wegen Widerstand zum Tod verurteilt. Am nächsten Morgen

zelebrierte ich in der Gefängniskapelle eine Messe, die er besuchen durfte. Anschließend fuhren wir zum Mont Valérien. Die Strahlen der Morgensonne färbten den Himmel rot. In der Mitte des Mont Valérien befindet sich eine steile Schlucht, auf deren Grund die Hinrichtungsstätte liegt. Der Graf lehnte die von einem Soldaten angebotene Augenbinde ab. Er sagte zu mir:
‚Stelle dich bitte neben das Erschießungskommando, damit ich dich sehen kann.'
Seine letzten Worte waren:
‚Ich opfere mein Leben für den Frieden der Welt, für die verfolgte Kirche in Deutschland, für meine Frau, meine fünf Kinder und für mein Vaterland. Es lebe Frankreich.'
Ich möchte die Darstellung Abbé Stocks im Kriegstagebuch meines Vaters durch einen Text des Dichters Reinhold Schneider ergänzen. Er stammt aus seinen Lebenserinerungen 'Verhüllter Tag':
‚An einem dunklen Winterabend erzählte Pfarrer Stock aus den Pariser Gefängnissen. Er suchte zu retten, zu helfen, er tröstete vor dem Ende, hörte die Flüche der unter den Schüssen Zusammenbrechenden auf den Verderber, verwahrte die letzten Habseligkeiten und Andenken und übermittelte sie den Hinterbliebenen: Tag für Tag und Stunde für Stunde, Nacht für Nacht einem Leid gegenüber gestellt, das nur aus der Kraft des Sakraments zu tragen war. Aber die Kraft

des menschlichen Herzens musste einmal zu Ende sein.'

Im Winter 1948 war sie zu Ende. Am 24. Februar starb Abbé Franz Stock, im Alter von 43 Jahren, allein im Hospital Cochin. Als Todesursache wurde ein Herzstillstand festgestellt.

Sein Tagebuch umfasst den Zeitraum von 1941 bis 1944 und enthält die Chronik der Hinrichtung von 701 Widerstandskämpfern und Geiseln. Insgesamt hat Abbé Franz Stock 1700 Menschen zur Hinrichtung auf den Mont Valérien begleitet.

Am 14. Juni 1963 wurden seine sterblichen Überreste von Paris nach Chartres überführt und in der neuerbauten Kirche 'Saint Jean Baptiste' beigesetzt. Am gleichen Tag hat das französische Parlament den von Bundeskanzler Adenauer und Staatspräsident de Gaulle am 22. Januar 1963 unterzeichneten deutsch-französischen Aussöhnungsvertrag ratifiziert.

Auf dem Mont Valérien wurde nach dem Krieg das 'Denkmal des kämpfenden Frankreich' errichtet. Am 15. September 1990 erhielt der Platz vor diesem Denkmal den Namen 'Esplanade de l'Abbé Franz Stock'. Es ist ein Zeichen für die große Versöhnungsbereitschaft der Franzosen, dass sie diesem Platz, auf dem ihnen so viel Leid durch Deutsche zugefügt wurde, den Namen eines Deutschen gaben.

Die Klimakatastrophe

Durch das Cockpitfenster des Raumschiffs sah ich den rötlich leuchtenden Kern der Milchstraße, umschlossen von einem bläulich schimmernden Spiralnebel aus Milliarden von Sternen. Ich empfand eine große Sehnsucht nach der wunderbaren Bühne des Lebens, die am Rand dieses unvorstellbar großen Spiralnebels auf meinem Heimatplanet existierte. Mein Herz schlug schneller, als ich seinen Namen in das Zielprogramm des Bordcomputers eintippte: ERDE. Ich drehte den Kopf und blickte in das bärtige Gesicht eines alten Mannes. Seine grossen, schwarzen Augen waren mir unvergesslich geblieben, seit ich sie auf einem Gemälde in den Uffizien von Florenz gesehen hatte.

„Herzlich willkommen an Bord. Stop. Ich bin Tycho, der Bordcomputer, Labormodell 600, programmiert in Dallas. Stop", ertönte die Stimme meines Bordcomputers, der einer neuen Generation von intelligenten Robotern angehörte.

„Ich arbeite als Wissenschaftler im europäischen Weltraumzentrum Kourou. Unser Raumschiff ist das Produkt einer völlig neuen Technik. Seine Fluggeschwindigkeit entspricht der Lichtgeschwindigkeit."

Mein Gast blickte mit ungläubigem Staunen auf die vor uns liegende Milchstraße. Es freute mich, gerade ihm, dem Vater der modernen Naturwissenschaft, die Größe des Universums vor Augen führen zu können.

„Dieser Spiralnebel ist unsere Milchstraße, die Ihr als Erster entdeckt habt, obgleich sie von der Erde aus nur als schwach schimmerndes Band zu sehen ist."

„Dieses rätselhafte Band weckte bereits in meiner Schulzeit den Wunsch in mir, den Kosmos zu erforschen. In einer mondlosen Nacht zählte ich mit einem von mir konstruierten Fernrohr alle Sterne dieses weit entfernten Bandes."

„Wie viele waren es?"

„Etwa sechstausend."

„Tycho, aus wie viel Sternen besteht die Milchstraße?"

„Geschätzte Zahl: 600 Milliarden. Stop."

„All diese Sterne bilden den vor uns liegenden Spiralnebel, der um das Milchstrassenzentrum kreist. Unsere Sonne liegt am äussersten Rand dieses Spiralnebels."

„Der große Kopernikus und ich waren also im Irrtum, als wir die Sonne zum Mittelpunkt des Universums erklärten. Weiß man inzwischen, wie weit die Sonne vom Zentrum der Milchstraße entfernt ist?"

„Dreißig Tausend Lichtjahre. Stop."

„Da die Geschwindigkeit des Lichts 300000 km in einer Sekunde beträgt, können wir die

Entfernung, welche das Licht in 30 000 Jahren zurücklegt, mit unserer menschlichen Vorstellungskraft nicht mehr erfassen. Ebenso wenig die Tatsache, dass die Sonne für eine einzige Umkreisung des Milchstraßenzentrums 250 Millionen Jahre benötigt. Diese unvorstellbar große Milchstraße ist jedoch im Vergleich zum gesamten Universum nicht größer als ein Sandkorn im Vergleich zu einem Ozean."

„Hat man inzwischen noch weitere Milchstraßen entdeckt?"

„Geschätzte Zahl aller Milchstraßen: vierhundert Millionen. Stop."

Aus den Augen meines Gastes sprach ehrfürchtiges Staunen.

„Wie groß ist die Entfernung zwischen der Erde und der am weitesten entfernten Milchstraße?"

„Zehn Milliarden Lichtjahre. Stop."

„Da das Licht dieser Milchstraße für den Weg zur Erde zehn Milliarden Jahre benötigt, muss sie bereits vor zehn Milliarden Jahren existiert haben, also lange bevor unsere erst fünf Milliarden Jahre alte Erde im kosmischen Ozean auftauchte."

„Achtung. Antigravitationssystem ausgefallen; Ersatzsystem einschalten. Stop."

Ich aktivierte das Ersatzsystem.

„Die größte Gefahr auf dem Flug zur Erde droht uns durch die 'schwarzen Löcher'. Bisher wurde jedes Raumschiff, das sich

einem schwarzen Loch näherte, in den Abgrund seiner Schwerkraft gezogen und vernichtet. Unser Raumschiff verfügt über ein neuartiges Antigravitationssystem. Hoffentlich bleibt das Ersatzsystem bis zur Ankunft auf der Erde intakt."
„Kennt die Astronomie inzwischen auch das Alter des Universums?"
„Das Weltall ist vor etwa vierzehn Milliarden Jahren entstanden. Am Anfang ereignete sich eine ungeheure Explosion, der so genannte Urknall. Ein Feuerball erfüllte das gesamte All. Die Umwandlung dieses chaotischen Feuers in einen geordneten Kosmos, der zur Geburtsstätte des Lebens wurde, ist das größte aller Rätsel."
„Achtung. Starke Röntgen-Strahlungsquelle in Flugrichtung; Entfernung drei Millionen km. Stop."
„Identifizierung vornehmen."
„Schwarzes Loch, Entfernung eine Million km, Gravitationskraft stark steigend. Stop."
Ich korrigierte die Flugrichtung so, dass wir gegen die Anziehungskraft des schwarzen Lochs flogen. Das Raumschiff wurde plötzlich wie von einer unsichtbaren Hand geschüttelt und begann, sich um die eigene Achse zu drehen. Da wir gegen die Anziehungskraft des schwarzen Lochs flogen, nahm unsere Geschwindigkeit bedrohlich ab:
100 000 km / s …. 50 000 km / s … Ein Stillstand des Raumschiffs bedeutete den

endgültigen Abschied vom Planet Erde.
10 000 km / s ... 1000 km / s ...
„Zusatzantriebsaggregate einschalten."
„Alle Zusatzantriebsaggregate volle Kraft. Stop."
Aufatmend registrierte ich eine Zunahme der Geschwindigkeit. Wir waren der tödlichen Anziehungskraft des schwarzen Lochs im letzten Augenblick entronnen. Bevor wir uns von diesem Schreck erholt hatten, wurde unser Raumschiff von einem Lichtblitz getroffen. Als ich die Augen wieder öffnete, sah ich durch das linke Fenster eine riesige, rote Explosionswolke. Die dunklen Augen meines Gastes sahen mich fragend an.

„Wir haben soeben die Explosion eines Sterns erlebt. Ebenso wie alle Sterne dem Gesetz der Schwerkraft gehorchen, das Ihr am schiefen Turm von Pisa erforscht habt, unterliegen auch alle Planeten dem ewigen Kreislauf von Geburt und Tod. Jeder Stern, der das Eineinhalbfache der Masse unserer Sonne besitzt, beendet seine Existenz durch eine ungeheure Explosion, deren Licht heller leuchtet als hundert Millionen Sonnen. Der sterbende Stern reißt Millionen Nachbarsterne mit sich in den Tod. Die gewaltige Druckwelle bewirkt eine Verdichtung des interstellaren Gases der Umgebung. In dieser Gaswolke wird eine neue Generation junger Sterne geboren. Sie verbringen ihre Kindheit im Schutz dieser Gaswolke, existieren einige

Millionen Jahre in der Weite des Universums und beenden ihre Existenz wieder durch eine Explosion."

„Wie furchterregend ist der Blick auf dieses Universum."

„Dieselbe Furcht haben Eure Zeitgenossen sicher auch empfunden, als sie zum ersten Mal durch das von Euch konstruierte astronomische Fernrohr die Planeten Venus und Jupiter erblickten. Sie waren plötzlich mit der Möglichkeit konfrontiert, dass die Erde gar nicht der Mittelpunkt des Universums ist sondern nur ein Planet unter vielen anderen, die alle in einer grenzenlosen Verlorenheit durch die Weite des Weltalls fliegen."

„Aus Furcht vor diesem neuen, unheimlichen Weltbild hat der Inquisitor von Florenz nach der Veröffentlichung meines Buches ‚Der Sternenbote' im Jahr 1610 jede meiner Vorlesungen an der Universität Pisa durch Spitzel überwachen lassen."

Da mein Gast bisher nur das lebensfeindliche Gesicht des Universums kennen gelernt hatte, war es Zeit, ihm nun sein lebensfreund-Gesicht vor Augen zu führen.

„Die gewaltigen Sternexplosionen waren eine Voraussetzung für die Entstehung des Lebens. Nach dem Urknall entstanden zunächst Sonnen aus reinem Wasserstoff. Alle übrigen chemischen Elemente konnten nur durch Temperaturen von mehreren Millionen Grad entstehen. Diese extrem hohen

Temperaturen werden nur bei der Explosion von Sternen erreicht. Viele Sterne mussten sterben, damit jene 118 Elemente entstehen konnten, die ein wichtiger Baustein des Lebens sind."

„Achtung. Betastrahlung im Raumschiff stark steigend. Stop."

„Dieser Anstieg der kosmischen Strahlung ist eine Folge der Sternexplosion, die wir gerade erlebt haben."

„Bedeutet die kosmische Strahlung eine Gefahr für das Leben auf der Erde?"

„Im Gegenteil. Dieser kosmischen Strahlung verdanken wir den Aufstieg des Lebens von einfachen zu höheren Lebensformen. Die Strahlung bewirkt Erbgutveränderungen, wodurch Lebewesen mit unterschiedlicher Lebensfähigkeit entstehen. Durch den Kampf ums Überleben erfolgt eine Auslese der jeweils tüchtigeren Lebensart. Indem sich dieser Ausleseprozess in der Vergangenheit milliardenfach wiederholte, kam es zur Entwicklung immer höherer Lebensarten bis hin zum Menschen. Eine unvorstellbar lange Zeit war für diese Evolution erforderlich. Rund zwei Milliarden Jahre vergingen, bis in den Meeren die ersten primitiven Einzeller auftauchten. Weitere eineinhalb Milliarden Jahre dauerte es, bis das im Meer entstandene Leben das trockene Land erobert hatte. Erst nach weiteren eineinhalb Milliarden Jahren betrat der Mensch die

Bühne des Lebens."

„Achtung, Ausfall des Sensorensystems; Ersatzsystem einschalten. Stop."

Ich aktivierte das Ersatzsystem.

„In welchem Jahr seid Ihr auf der Erde gestartet?"

„Am 10. März des Jahres 2040."

„Und welches Datum wird jetzt auf der Erde geschrieben?"

„Wie Ihr auf dieser Erdzeituhr des Armaturenbretts ablesen könnt, der 4. April 2070."

Ein ungläubiges Lächeln huschte über sein Gesicht.

„Ihr wollt doch nicht ernsthaft behaupten, dass in diesem kleinen Raumschiff Nahrungsmittel für 30 Jahre gelagert werden können."

„Albert Einstein, ein großer Kollege von Euch, hat entdeckt, dass die Zeit schneller oder langsamer abläuft, je nachdem, mit welcher Geschwindigkeit wir uns bewegen. Da die Geschwindigkeit dieses Raumchiffs 300 000 km pro Sekunde beträgt, verstrich die Zeit für mich langsamer als für die Bewohner des planetarischen Raumschiffs Erde, das nur mit einer Geschwindigkeit von 30 km pro Sekunde durch das All fliegt. Für mich sind daher seit meinem Start erst zwei Wochen verstrichen, für die Erdbewohner beträgt die Dauer meiner Abwesenheit bereits 30 Jahre. Durch die Konstruktion dieses Raumschiffs wurde gewissermaßen eine

Zeitmaschine erfunden, welche die Verlängerung des Lebens ermöglicht. Da diese fantastische Möglichkeit dem technischen Fortschritt zu verdanken ist, erhielt dieses Raumschiff von seinen Konstrukteuren den Namen ‚Fortschritt'."
Im Jahr 2085 erreichten wir die Planeten des Sonnensystems: den von Methaneis bedeckten Pluto, die riesige Gaswelt Neptuns, den von einem Ring aus Milliarden von Eismonden umschlossenen Saturn. Schließlich, nur noch 750 Millionen km von der Erde entfernt, überflogen wir Jupiter. Im Vergleich zu seiner Oberfläche, einem stürmischen Meer aus heißem Dampf und Feuerblitzen, erschienen mir die kühlen Wälder und sanften Wiesen der Erde wie ein Paradies. Als die blau schimmernde Erde schließlich vor uns auftauchte, wurde mir ihre Einzigartigkeit bewusst. Nirgends auf meinem weiten Flug durch das Universum hatte ich die geringste Spur von Leben entdeckt. Einzig auf diesem Planeten existierte die wunderbare Bühne des Lebens.

„Wie mag es jetzt im Jahr 2085 auf der Erde wohl aussehen?" sagte mein Gast.

„Schon im Jahr 2040 gab es auf der Erde faszinierende Produkte des technischen Fortschritts. Inzwischen sind weitere 45 Jahre verstrichen und der Fortschritt hat wahrscheinlich eine Geschwindigkeit erreicht, die auch meine Vorstellungskraft übersteigt. Mir kommt gerade eine fantastische Idee. Tycho, für welche Flugzeit reicht die Energie des Raumschiffs noch aus?"

„Energie ausreichend für eine Woche. Stop."

„Wenn wir unsere Flugzeit um eine weitere Woche verlängern, werden auf der Erde noch einmal 15 Jahre verstreichen. Bei unserer Landung im Jahr 2100 werden wir eine total veränderte Welt vorfinden. In dieser schönen, neuen Welt wird dank der gentechnologischen Nahrungsmittelproduktion kein einziger Mensch mehr hungern. In dieser schönen, neuen Welt werden alle lebensbedrohlichen Krankheiten besiegt sein. In dieser schönen, neuen Welt ... "

„Bedenkt doch, dass wir bereits mit zwei Ersatzsystemen fliegen", riss mich mein Gast aus diesen Zukunftsträumen. „Um die schöne, neue Welt zu erreichen, von der Ihr träumt, müsst Ihr Euer Leben riskieren. Ich betrachte das Leben als das höchste aller Güter. Ihr habt kein Recht, Euer Leben durch eine Verlängerung des Flugs leichtfertig aufs Spiel zu setzen. Vielleicht kann ich Euch durch den folgenden Bericht vom hohen Wert des Lebens überzeugen:

Am 22. Juni 1633 fand mein Prozess vor dem Inquisitionsgericht statt. In der Nacht zuvor stand ich am Fenster und blickte auf den leuchtenden Sternenhimmel über der dunklen Silhouette von Sankt Peter. Der

Erforschung dieses wunderbaren Kosmos hatte ich die wissenschaftliche Arbeitskraft meines ganzen Lebens gewidmet. Meine astronomischen Berechnungen bewiesen zweifelsfrei, dass die Erde innerhalb eines Jahres einmal um die Sonne kreist. Diese Erkenntnis stand jedoch im Widerspruch zur kirchlichen Lehre. Diese erklärte die Erde zum ruhenden Mittelpunkt des Universums, um den die Sonne und alle Planeten kreisen. Die wissenschaftliche Welt erwartete von mir die Verteidigung meiner astronomischen Berechnungen vor dem Inquisitor. Ich jedoch musste an Giordano Bruno denken, der 33 Jahre früher vom Inquisitor zum Tod auf dem Scheiterhaufen verurteilt worden war. Die Tatsache, vom Odem des Lebens durchströmt zu sein, habe ich stets als unbegreiflich kostbares Geschenk empfunden. Der Inquisitor hoffte vielleicht, ich sei töricht genug, die Fackel der wissenschaftlichen Wahrheit so hoch zu halten, dass sie den heimlich bereits aufgeschichteten Scheiterhaufen entzündete. Ich aber tat ihm diesen Gefallen nicht sondern widerrief am Ende des Prozesses feierlich meine Behauptung, dass unsere Erde um die Sonne kreist.
Nach dem Prozess verbot mir das Inquisitionsgericht jede weitere Forschungs- und Lehrtätigkeit. Ich wurde bis an das Lebensende auf mein Landgut Arcetri verbannt. Unter Androhung schwerster Strafe war es

mir verboten, die nur eine Meile entfernte Heimatstadt Florenz jemals wieder zu betreten. Meine wissenschaftlichen Veröffentlichungen wurden auf die Liste der verbotenen Bücher gesetzt. Trotz all dieser Schicksalsschläge habe ich niemals aufgehört, das Leben zu lieben. Im Alter bedeutete es das höchste Glück für mich, an einem warmen, vom Gesang der Vögel und Duft der Blumen erfüllten Sommerabend die vertrauten Gefährten meiner Jugendträume am nächtlichen Himmel aufleuchten zu sehen. Dann empfand ich eine grenzenlose Dankbarkeit, dass mir der nötige Verstand in die Wiege gelegt worden war, das Wunder des Kosmos zu erforschen, in dem sich die Allmacht Gottes offenbart, und die nötige Klugheit, das noch viel größere Wunder meines Lebens vor den Flammen des Scheiterhaufens zu bewahren."
„Für mich ist der Fortschritt das höchste aller Güter. Ein Wissenschaftler muss notfalls sein Leben für den Fortschritt opfern. Ich werde daher den Flug verlängern, auch wenn ich dadurch mein Leben riskiere."
Ich brachte das Raumschiff in eine Warteschleife. Die folgende Woche erschien mir endlos lang, da ich es kaum erwarten konnte, die technischen Wunderwerke des Jahres 2100 kennen zu lernen.
Als die Wartezeit endlich vorüber war, leitete ich das Landemanöver ein:
„Genaue Ankunftszeit berechnen."

„Ankunftszeit 10. März 2100, 12.30 Uhr. Stop."
„Anflugkoordination bestimmen."
„Anflugkoordination festgelegt. Stop."
Ich meldete mich über Sprechfunk beim europäischen Weltraumzentrum Kourou.
„Hier Raumschiff ‚Fortschritt'. Kourou bitte melden!"
Ich erhielt keine Antwort. Ich wiederholte meine Meldung auf allen mir zur Verfügung stehenden Frequenzen. Kourou antwortete nicht. Da unsere Fluggeschwindigkeit 300 000 km pro Sekunde betrug, konnten wir die Erde noch nicht sehen. Als ich die Geschwindigkeit verringerte, erblickten wir an Stelle der blauen Erde einen Planeten, der sein Aussehen total verändert hatte:
Über allen Kontinenten tobten riesige Feuersbrünste. Schwarzer Rauch umhüllte den gesamten Erdball.
„Das ist sie also, Eure schöne, neue Welt", murmelte mein Begleiter. Als ich den Kopf drehte, war er verschwunden.
Während ich allein über die brennenden Kontinente flog, nahm ich Abschied von der Erde:
Nachdem sie durch den Verlust des Lebens ihre einzigartige Stellung unter den Milliarden von Sternen eingebüßt hatte, erschien es mir noch erstaunlicher, dass dieser Planet am Rand der Milchstraße mehrere Milliarden Jahre lang als Bühne für das wunderbare

Drama des Lebens gedient hatte. Der Mensch freilich war nicht zufrieden mit der ihm vom Autor zugedachten Rolle. Er wollte mit Hilfe des technischen Fortschritts ein neues, noch schöneres Drehbuch des Lebens schreiben. Er träumte davon, das Paradies auf Erden zu schaffen, ohne zu begreifen, dass die von Leben überquellende Welt bereits ein wunderbares und erhaltenswertes Paradies war. Er allein trug die Verantwortung dafür, dass er durch die technikbedingten Umweltschäden eine weltweite Klimakatastrophe verursachte und deshalb die Bühne des Lebens verlassen musste. Noch existierten zwar die Kulissen dieser Bühne. Die Sterne, in denen vor Urzeiten die ersten Bausteine des Lebens entstanden waren, leuchteten noch immer über der Erde. Aber die wunderbare Sinfonie des Lebens wurde nicht mehr auf ihr gespielt: Kein menschliches Auge betrachtete die ‚unsterblichen' Meisterwerke der Kunst. Kein menschliches Ohr lauschte den 'unsterblichen' Melodien der Musik. Keine menschliche Fantasie erweckte die ‚unsterblichen' Gestalten der Literatur zum Leben. Die fantastische Möglichkeit, mit meinem Raumschiff ‚Fortschritt' eine Reise in die Zukunft zu machen, hatte sich als tödliche Falle erwiesen. Nachdem ich in der Zukunft angekommen war, führte kein Weg mehr zurück in das verlorene Paradies der schönen, alten Welt.